Habitante do nada
&
distâncias

Susana Thénon

Tradução de nina rizzi

© Moinhos, 2022.
© Susana Thénon, 2022.

Edição: Camila Araujo & Nathan Matos
Revisão: Mika Andrade
Capa: Sergio Ricardo
Projeto Gráfico e Diagramação: Isabela Brandão

Nesta edição, respeitou-se o Novo Acordo Ortográfico da Língua Portuguesa.

Dados Internacionais de Catalogação na Publicação (CIP) de acordo com ISBD
T392d
Thénon, Susana
Habitante do Nada & distâncias / Susana Thénon ; traduzido por nina rizzi. Belo Horizonte : Moinhos, 2022.
92 p. ; 14cm x 21cm.
ISBN: 978-65-5681-132-1
1. Literatura argentina. 2. Poesia. I. Rizzi, Nina. II. Título.
2022-3359
CDD 868.9932
CDU 821.134.2(82)-1
Elaborado por Odilio Hilario Moreira Junior - CRB-8/9949

Índice para catálogo sistemático:
1. Literatura argentina : Poesia 868.9932
2. Literatura argentina : Poesia 821.134.2(82)-1

Todos os direitos desta edição reservados à Editora Moinhos
www.editoramoinhos.com.br
contato@editoramoinhos.com.br
Facebook.com/EditoraMoinhos
Twitter.com/EditoraMoinhos
Instagram.com/EditoraMoinhos

Habitante do nada
(1959)

Caminha comigo, mundo, caminha
na minha mão direita,
fala comigo Babel, para que eu possa
me esforçar para convocar
uma só palavra entre todas essas sílabas
antes que o propósito da fala tenha desaparecido.

                                              Conrad Aiken

Não se compreende nada da vida enquanto
não se compreender que tudo nela
é confusão.

                                              Henry de Montherlant

CARRASCO

UMA VOZ próxima
repete para mim: descansa,
e eu
não poderia descansar
a não ser como em sonho
latente,
como flecha que repousa
em sua aljava.

A cada dia
minhas horas
se tornam mais agudas,
mais ásperas,
desde que estou sufocada
e o sol me arde.

Conheço as palavras
cujo som
as portas voam como plumas
e o céu é uma almofada para os pés.

Conheço o castigo.
Conheço todos os castigos.

Mas hoje amanheci carrasco.

MINUTO

A TODO momento
se renova
a fugaz memória dos espelhos,
o perfil taciturno dos corpos enferrujados,
o andaime de palavras
não habitadas por mãos
ou por bocas escuras.
O tempo enruga as estradas,
apaga os olhares distantes,
vai inflamando a morte nos cantos.
E como não saber disso:
chegará um minuto vazio
que anseia nossos rostos.

CÍRCULO

DIGO que nenhuma palavra
detém as algemas do tempo,
que nenhuma canção
abafa os estampidos do lamento
que nenhum silêncio
abarca os gritos que se calam.
Digo que o mundo é um imenso pântano
onde lentamente submergimos,
que não nos conhecemos nem nos amamos
como acreditam os que ainda podem traçar sonhos.
Digo que as pontes se rompem
ao mais leve som,
que as portas se fecham
ao murmúrio mais fraco,
que a visão se apaga
quando algo geme perto.

Digo que o círculo se estreita cada vez mais
e tudo que existe
caberá num ponto.

HOJE

FALO, corneta, rosa
do anjo-barro: o amor
selou
seus vasos comunicantes.
Guardemos o incenso
para os verões públicos.
Deus não funciona.

NÃO

Me recuso a ser possuída
por palavras, por jaulas,
por geometrias abjetas.
Me recuso a ser
rotulada,
violentada,
absorvida.
Só eu sei como me destruir,
como bater minha cabeça
contra a cabeça do céu,
como cortar minhas mãos e senti-las à noite
crescendo para dentro.
Me recuso a receber esta morte,
esta dor,
estes planos inventados, inconcebíveis.
Só eu conheço a dor
que leva meu nome
e só eu conheço a casa da minha morte.

CAMINHOS

CEGUEIRA do gesto
quando em vão se agarra
à grossa barreira do fato consumado.

Guitarra densa de sangue
acompanhando a canção
noturna e subterrânea.

Vagueia entre gritos
anônimos,
entre multidões famintas,
sob céus estrangeiros.

Entre ecos
mansos, desesperados.

AQUI

CRAVA-TE, desejo
em meu lado raivoso
e molhe suas pupilas
para minha última morte.

Aqui o sangue,
aqui o beijo destroçado,
aqui a fúria desastrada de deus
florescendo em meus ossos.

NÃO É UM POEMA

OS ROSTOS são os mesmos,
os corpos são os mesmos,
as palavras cheiram a caduquice,
as ideias de cadáver antiquado.

Isto não é um poema:
é um ataque de raiva,
raiva pelos olhos vazios,
pelas palavras estúpidas
que digo e que me dizem,
por baixar minha cabeça
aos ratos,
aos cérebros cheios de mijo,
aos mortos persistentes
que entopem o ar do jardim.

Isto não é um poema:
é um pontapé universal,
um soco no estômago do céu,
uma enorme náusea
vermelha
como o sangue era antes de ser água.

POEMA

> "*Eu creio nas noites*".
>
> R. M. Rilke

ONTEM à tarde pensei que nenhum jardim justifica
o amor que se afoga vorazmente em minha boca
e que nenhuma pedra colorida, nenhum jogo,
nenhuma tarde com mais sol que de costume
é o bastante para formar a sílaba,
o sussurro esperado como um bálsamo,
noite e noite.
Nenhum significado, nenhum equilíbrio, nada existe
quando o não, o adeus,
o minuto que acaba de morrer, irreparável,
se levantam inesperadamente e nos cega,
até a morte do corpo inteiro, infinitos.
Como uma fome, como um sorriso, penso,
deve ser a solidão
pois é assim que nos engana e entra
e assim a surpreendemos uma tarde
encostada sobre nós.
Como uma mão, como um canto simples
e sombrio
deveria ser o amor
para tê-lo perto e não o renegar
cada vez que o sangue nos invade.
Não há silêncio nem canção que justifiquem
esta morte tão lenta,
este assassinato que nada condena.

Não há liturgia nem fogo nem exorcismo
para impedir o fracasso ridículo
dos idiomas que conhecemos.
Na verdade, estou me afogando sem dó,
pelo menos resisti ao engano:
não participei da festa mansa, nem do ar cúmplice,
nem da noite pela metade.
Ainda mordo e embora seja pouco possível agora
meu sorriso guarda um amor que assustaria a deus.

AQUI, AGORA

SEI QUE em algum lugar
a alegria se espalha
como o pólen
e que há tempos
as pessoas se erguem
como jardins definitivos.
Mas eu vivo aqui e agora
onde tudo é horrível
e tem dentes
e unhas velhas petrificadas.
Aqui e agora,
onde o ar
sufoca
e o medo fica impune.

RAZÃO DE MINHA VOZ

PORQUE são muitos e sofrem,
porque ouvimos gritos muito distantes
ou sabemos que há silêncio
num canto da cidade,
ou porque salta de um livro e fala com a gente
o menino que morreu afogado.
Porque agora sem dúvida um homem pede socorro
e uma mulher se joga de sua janela escura
e quatro crianças respondem perguntas
num quarto enorme
enquanto uma boneca está sem braço e observa.

MEDIATOR DEI

O CONTRABANDISTA dos medos antigos
o malabarista delirante em sua varanda vermelha
(com pequenos pés enferrujados)
lava as mãos no peito das nuvens
e se cobre de azul para não ver sangue.

MUNDO

ESTE é o mundo em que vivemos
os mendigos buenos aires século vinte
junto ao vapor descalço
flutuando sem asas acima dos telhados
efêmeros como pedacinhos de chocolate
inúteis como pássaros ocos.
Estes são nossos rostos que se desfazem
enquanto o sol migra cansado de nos olhar
e o frio nos celebra com sua festa de morte.
Mas eu não quero esta sina de espantalho:
meu olfato busca ávido o cheiro da alegria
e minha pele se expande quando digo amor.

HABITANTE DO NADA

Vivo entre pedras
sua forma se parece à minha.
Eu sou uma pedra,
um brinquedo no túmulo de uma criança,
uma medalha escurecida? Ou
Melhor sou um espelho gasto,
uma superfície que não reflete,
um rosto estranho
um dia que termina.

INFERNO

ACREDITA no ódio
daquele que vomita veneno em seu lábio?

Acredita no rancor
daquele que te morde até diluir seu inferno?

Acredita na lenda
dos polos opostos
e nesta adorável mentira
da inimizade entre água e óleo?

Hoje?
quando o amor se disfarça de ódio
para sobreviver,
quando o carrasco chora
atrás da morte
e deus descansa?

CAOS

O SUPOSTO caminho é a consagração
de seus passos,
não têm mais que avançar
— o retrocesso os surpreenderá um dia —,
não têm alternativa além de seguir adiante.
Sua culpa não nasceu,
isto que veem e tocam e tem todo o
sabor de algo digerido nos sonhos.
São sinais de nada,
mostram com sons quase envelhecidos
o progresso do variante primata.
Vão sozinhos.
Um grande cansaço não ajuda,
não convida ao caos, preparado como uma festa.

ONDE

> *"Só o mistério*
> *nos faz viver.*
> *Só o mistério."*
>
> **García Lorca**

SOB a teoria da gestalt
as estatísticas anuais
o observador no polo
as placas de controle.

Sob o sol meteorológico
o tetranitrato de pentaeritrina
a força motriz aproveitável
e o robô eletrônico

Sob o predicado nominal
a glossemática de Hjelmslev
o catálogo de códigos e documentos
a patogênese do coma hepático

Sob as categorias dimensionais
a soma dos ângulos internos de um sonho
a cosmovisão do eu
os graus do amor cibernético

como seguir
o que ser
onde morrer

HABITANTE

ÉS o habitante
dos meus desejos proibidos.
Teu ritmo aumenta
perto de minha pulsação mais débil.
Tua identidade
é um gemido.

ORAÇÃO

QUANDO a lua deixará
de preferir aqueles poucos
que tanto à meia-noite
como ao amanhecer
gritam seu ardor desenfreado.
Quando será definitivo
o direito de sonhar
sem verificar números
papéis rasgados, sexos,
velocidade sem pressa do sangue.
Quando o céu morrerá
– seus castigos –
e o relâmpago será uma criança
entre as folhas.
Quando os ventos enterrados
queimarão.

POEMA

É INÚTIL que a amada rasteje
em busca da mão que desenha sombras
sob sua pele.
É inútil que voe
perseguindo a nuvem de pedra que a feriu.
Em vão saltará de folha em folha
perguntando pelo rosto
que se afogou no ar.

SEDE

SEI QUE sua sede se estendeu
para além do mais distante fio d'água:
a sua é a sede dos verões,
a que se aninha na garganta do meio-dia.
Faz muito tempo que o sal
ancorou em tuas vísceras
e é ali que se dá de beber
o lábio vermelho de nossos atos impunes.

Sim um castigo foi criado
é o do seu silêncio
que grita mais alto que palavras.

Sim um castigo foi criado
é permanecer assim
como uma cega
numa selva de olhares.

MAIS ALÉM

TRANSPASSAR teu violento mistério
além do sangue,
além do esquecimento,
longe, até o fim dos tempos.
Saber-te amanhecendo
na tarde sonora,
no sabor profundo de tuas pernas
encimando meu beijo
em tua boca indefesa,
abrindo tuas portas
lambendo tuas praias secretas
com a fúria da preamar.
Descobrindo a rosa em tua língua,
tua bandeira vermelha.
Arrancando pela raiz as horas,
nascendo em segredo.

AMOR

AGORA conheces o que o sangue assovia
à noite
como a negra serpente transviada.

UM

DIZER-te
que sou mais 1
dentro desse mundo nada.

Dizer-te
línguas com farpas sob as unhas.

Dizer-te
nada para ti algo quase nada.

NOMES

NA DESOLAÇÃO do meu sangue,
sob a angústia que me cega
procuro nomes para o meu amor:
meu amor quase ódio,
somente sol.

SER

MORDER teu significado
Nesta escala de magnitudes
Inalteráveis.
Ser, no extremo
do teu meridiano,
um ponto,
um breve sinal
peregrino por tuas fronteiras.
Desvanecer teu limite,
aprofundar em tua sonora latitude,
reconhecer um por um teus portos
e nomeá-los por seus nomes.

HISTÓRIAS DE MAGIA

UM GAROTO espera
que o mar o alcance.
Quer ser o garoto
ausente, na hora do passeio.
Está coberto de areia.
É um barco naufragado.

Um administrador para
e pensa, quatro vezes quis tanto.
(Os números celestiais determinam
aos números sujos de terra
em Cannes, nos porões violentos
de Cannes, e em
todos todos os presságios de amor.)

Um louco estende a mão
e pede água, é cinza
a água com o vidro, com a parede,
com a tarde
esparramada no relógio de sol.

Um sacerdote pensa, sou um homem
com altura e pé direito:
Minha rosa ainda vive,
enlouquece debaixo da túnica.
Sou um sino de luto.

Um homem se sentará e dirá estou cansado
Um homem se deitará ao sol e dirá por quê
Um homem será o bastante para dizê-lo
Um homem pulará sua cerca
e dirá não.

O MORTO

SEU ROSTO murmura
minhas fases não são doces,
como um esporte a pele mergulha
e a boca explode
em redemoinhos do tempo.
A terra canta sobre meu nãoser.
Como uma festa os olhos saltam
embora a morte deva ser silenciosa.
Como verdes loucos fugitivos da noite
minhas mãos são inflamáveis.

O DANÇARINO

O DANÇARINO disse, danço,
meu vestido é ar e sombra,
meu cabelo é fumaça.
O passado e o futuro dançam em mim.
Cada minuto deixa uma âncora em meu rosto.
Sou o tempo a cada passo,
a morte na minha quietude.
Danço todas as danças, me desfaço
e me junto.
Sou mar, o homem do mar:
meu corpo é onda, minha mão é peixe,
minha dor é pedra e sal.

A SÓS

É VERDADEIRA
a seriedade de seu sorriso.
Imagina-se a sós
com tanto grito à sua volta?
O tempo caminha entre os perfumes,
destampa um frasco, perde minutos de deixar morrer
entre os trajes meio-vivos,
como recém enforcados.

Compreendo:
os gritos silenciados,
os peixes, nascimento perpétuo.

Antes, uma vez...
Ninguém jamais saberá.

Imagina-se a sós
com tanto abismo à sua volta?

RESTO

Permanecem os movimentos elementares
do sangue
e do rosto, espelho cego
onde corre o meio-dia.

Permanecem as mãos, apenas,
gentilmente desenhadas
nas costas negras do ar.

Permanecem as palavras, não a música,
não o rumor equidistante do sol
quando faz noite, dor e medo.

Permanecem os animaizinhos cansados
de bater, cara e estiada,
na sua jaula de ossos.

EU

EU VIVO e tremo,
recomponho velhos verbos destroçados
nos fornos do frio
e me invento uma palavra para cada lágrima.

Eu saio para passear
e me inclino sobre as fontes vazias
para beijar minha boca inexistente.

Eu tenho o olhar cheio de sal
e corpos como estrelas de areia
e flores vorazes
que lentamente me consomem.

Eu vivo e tremo,
ressuscito e rastejo pelo ar quente
das florações
e pelo olho sempre aberto do dia.

Eu, lua quente
me amando e morrendo.

ELA

DE MADRUGADA
(ela tocou as mãos).
De madrugada, apenas.
Ela lembra que nada importa
mesmo que sua sombra siga correndo
por toda a noite.
Algo parou em algum momento.
algo marchava debilmente
e parou em algum momento.
Ela tremeu como um som
congelado entre os lábios de um morto.
Ela se desfez como uma memória
evocada até a saciedade.
Ela se dobrou sobre sua respiração
e compreendeu que ainda vivia.
Tocou a liberdade
e a deixou escorrer como uma pequena noite.
Amarrou a angústia em volta do pescoço
e lembrou de sua cor perdida.
Ela mordeu cegamente na escuridão
e escutou o silêncio gritar.
E aprendeu a rir
do cheiro antigo que seu sangue exalava.
De noite
(ela cortou as mãos).
De noite, apenas.
Ela pega seu pequeno ocaso.
Ela sonha com a ereção da rosa.

distâncias[1]
(1984)

---

[1] Este livro foi publicado em edição bilíngue pela *Sun & Moon Press*, Los Angeles, Califórnia, em 1994. A tradução para o espanhol foi feita pela poeta e tradutora norte-americana Renata Treitel.

Meus mais profundos e afetuosos agradecimentos a todas as pessoas que apoiaram a construção deste livro: a Ana María Barrenechea, que firmemente me encorajou criticamente durante muitos anos difíceis; a Renata Treitel, que por pura convicção traduziu estes poemas para o inglês, superando muitas dificuldades com enorme talento.

E principalmente a Iris Scaccheri, que, sem saber, me deu com sua dança a visão definitiva para retrabalhar e completar este trabalho, cuja duração beirava perigosamente ao interminável.

Susana Thénon

para S. C.

Repara:
ermas de melodia e conceito
elas se refugiaram na noite, as palavras.
Ainda úmidas e impregnadas de sono,
rolam num rio difícil e se transformam em desprezo.

Carlos Drummond de Andrade

(*Procura da poesia*)

1

a roda foi parando   paran-
dois três dois três dois   a roda
parou   quebrado por dentro
só madeira   entram olhos
só memória   cônico
só memória   o céu não é possível encarar
que já queima mais que queima ainda mais   que
queima só eterna como se o vento   (algo)
não espalhasse suas migalhas suas roupas   desfeito
desejado corpo luz da noite   pássaros
assassinos sob a ponte   se afastam frios
(algo) cadenciosos   mar
e uivou e disse   criatura lama
e disse e riu   trompa de veia
e riu apontou   carne trêmula
e atirou   feixe
              sapatos
              carne
airado   (algo)
e sol   (uma mulher)
machadinhas de sol   (diante da porta trancada)
arranham a porta (procura sua chave) limpa
o peito (diz em voz alta) o olho (me abre) a mão
(chama chama) a beira (não) do rio (não) de sangue
(não) de sangue que foge fio selvagem negro de pavor
entre a soleira e a porta ao encontro de seus passos
a roda foi parando   paran-
dois três dois três dois   a roda
parou

2

de frente para a parede
desenham os olhos dão movimento
amor e o salto para o outro lado
é outro buraco   e toda a presença
outra parede limite mole familiar
olhar uma casa para sempre
solitárias mesas postas
o mundo um passo e outro passo   outro passo

um canal onde se atolar com algumas facas com alguns
reinos negros com algumas curiosidades do silêncio e do sol

3

agora assola a loucura do poema
sobre a rua em ruínas   onde fomos
que somos   baixa figura mortal
embora choremos   pela boca pela mão
lágrima tão usada invisível
e pelas panelas comuns
murmure o pão   seu tétano seus anjos

4

existe um país   (mas não o meu)
onde a noite é só à tarde
(mas não o nosso)
e assim uma estrela canta seu tempo livre

durante a morte pensarei
já que morrer não é meu
e ainda esplandeço com sangue encandeado
(existe um país) o sonho de cair
(existe um país)
e eu comigo (e sempre)
de amor impassível

5

o raio na cabeça
de ouro nasceu   para brincar
descontrolada-
mente ao pássaro mental

ah moira
AH MOIRA
carne de vento no olhar
ah tua alegria
de fingir morte ao que amas

belo animal tragédia
empoleirado no indizível

6

a grande serpente abraçada ao mundo
dorme   tu também dormes
eu durmo   puras de som
sorrimos contrárias   desesperada e só
entre as flores   não
(podes) não (não podes)   e ao dia
chove sombra   amanhecida tremes de
morte   anterior à morte
durmo estrangeira ao mapa dos mares   aqui leio
teu sonho   aqui não mais   leio
tua risada lobo idioma branco   eu decifro
não (não podes não)
e agora
a gota cai (toma amor)
com um céu inteiro de loucura carregada

7

teu passo   nunca outro   *e tua boca*
roída pelo vento   *criatura*
individual   em um mundo de nomes
que apenas pronuncias   e que apenas te machucam
doce matéria   viva
na terra adoecida   *criatura*
individual   entre flor e flor escura
teu passo nunca outro
e tua boca roída pelo vento

8

ao sonho mais antigo
onde se repetem o horror e a música
vidas o amam de baixo
em suborno caridoso   dono
de ouros vencidos (mas) em
aposta escura que algo ca( )ta

9

entrância   tu
o outro   chama
amor   reúne
duas uma vez   uma só vez
presciência quando abraça   aberta
abóbada   estou
viemos do verso   verão
ignorantes   sem escotilha
o vento hidrata (fluxos) lembra
de sol   velários me impedem
quando se apaga   sim

nossa mordida de paralaxe
e nos dissolva sem rumor e nos separe o dia

10

com o martírio
(ferroada infinita)
com o violino
de lata granulosa

com o martírio
no ombro
porque sim porque sim
(nunca por ah?
por hein?)

com o martírio

o vermelho ramo errante
em extinção

11

ave laranja uma cordilheira de sol
corrói meus olhos noite em dois
milhares de nada (ao meu alcance)
mas um pouco de riso
já não dá cabo do medo devora luz
e gira na sua lua que é perpétua
e nunca e sem cura a que arremata

12   édipo

o abraço o abraço na tarde
quanto tenho sido imortal
e quanto pouco dói o futuro forasteiro
esta pedra sem descanso   era eterna ainda
eras o último e o primeiro e nada
e nada além   sol   teu olhar minha cegueira
sol para sempre ontem   e madrugamos
e o abraço era o mar

13

a noite

abrigo desabrigada
abrigo nictalope
delicada inflamável
abrigo esta velha concha
entre tantas outras
que rebenta com fogos fedorentos
pólvora moleca
e razão pura sublimes vertebrados

e o olho cresce
despeja atira mãos
o olho de repente carne
vai ao encontro do cego

destila em bares sem lágrimas porém
ferro tubarões sopa venérea
e o olho de cidade repentina
se perde no museu da cólera

corpo sem funeral
o filho rola como uma lua

como da outra vez
no meu horror cheio de rangidos
na minha mala de pássaro
a garota sem futuro
toma seu nome idiota

minha ligeira língua
detonando
nesta fenda
cúmplice amarga
do acordar sem dia
me alimento do brilho na pálpebra da cotovia morta

14

a beleza em seu rotina
piada para quem passa pelos dentes da garrafa
sopra quase dormindo   jardim
que ninguém vê   ninguém plantou
as igrejas   vasto sangue
diminuem com a chuva
barrenta de mulheres   de macacos
de ossadas como casas de   flores

15

não restavam tavernas logo só restava dormir
louco a seco limpidamente violino
e irmão decorado de David Bach
e como ele inexistente de sol a sol
sem dar um passo algum (mas claro escuro)
cemitérios de neve tal
como noites

16

anunciação

imagem vi vejo
bebo com santa ou satã e
antigo altarbild orifício para Ghent
onde uma virgem um tanto estrábica posou
para seu famoso mecenas banqueiro
para sua
devoção e obras

caridosas

17

quanto tempo leva
(aqueles bosques)
dor doer   que não para

a noite fala uma língua morta

sou duas
uma igual uma
sem sempre

18

desvela-te
luvem n'água
gota mar   longe os dias
amar   longe as costas
ferido   amar (tuas
árvore cavalaria de copas)
      voar ato voar
conduzem o ar   surpreenderiam
      pássaros de regresso
cada   fogo salino ontem

19

lua como música antiga
que alguém admira viva
nos jardins do Club Social
naquelas horas que não contam
(riu ele   isso significa   eu)
numa vida

20

édipo

novamente apesar das nuvens
cegas (estava queimando) te amei dei sangue
pelas tuas flores   te chamei terra
soprei coroas   fio
de um tempo em retirada   morri
para nascer   meus ombros
te alçaram   sim tremor sonho carnívoro
foste a manhã   ouvi tuas letras
no quarto como passos delicados

21

sem luz o dia o dia
aquele dia aquela goteira sem jeito sem
ai sem teto sem jeito sem céu o
dia aquele aquele   de hoje
milhares daquele
dia de hoje   filho só e solitário
da pedra   solitário e só da pedra
o dia aquele
de hoje

22

      respira ali
no parque
lugar duvidosamente eterno sobre si mesmo e
(menos dez)   algo
ali no parque

23

um anjo tuberculoso guarda essas guerras
e nossa nudez ainda banquete de sombras
preserva todo o tempo da morte

sós noite de um século   vinha dos olhos
pira de abraão   em casernas de esquecimento

para os esquecidos voltam

24

sem encontro   o impossível
(uma manhã) seco
ferido (e suas labaredas) constrói
um (e sua flor) suave país
(de que matéria) um céu afiado
contra o medo fronteiro (o impossível)
ora (e sua flor

25

não se diz   não
se diz   não dizer
nada

esta noite   (nada)
a gangrena no quintal

26

sol menos um sol
igual a sol

não entendo

casa
o chapéu
pedra de amolar

não entendo

outro bom dia
e leite (sol) notícia
e tiro cerco pão
notícia

que   não entendo
texto polo ralo   simontemplar
cavalo solução
roda miséria cavidade (sol)
sol

desvantagem
ditador velha piada
pergunta pergunta
sala de estar careta simpósio
clã   agasalho sopa sorte
ditador

não entendo   *(não entende)*
não consigo   *(não consegue)*
entender   *(não pode entender)*

não entendo
soma osso
carga
(sol) quintal

sol
flor comprimido
canivete carta crachá (dois)
coisa

perfil chave
amizade (sol) sótão
jogo
não entendo
não

notícia
fileira rótulo tabuleiro ditador
corpo som
limiar inverno sangue
sol

SOL
menos um sol
igual a sol

27

assassinato do espírito santo

silêncio de mauser

(avança galinha sacra
estúpida coalizão)

bam (eli eli)

28

tarde   inglesa tanto ou quanto
e jogos de palavras
para não ouvir que o rouxinol repete *sangue sangue*
acima de tudo se luas de jardim
e julho baixo e denso
de rumor nas varandas
tarde   inglesa tanto ou quanto
onde o dono do mundo
para não ouvir que o rouxinol

29

e o ódio
(e drac
ma e dó
lar)

e o ódio
(e sentaespera
meu amor
nos dentes do meu sangue)

e o ódio
(e cordas e contínuo
em sol menor)

e o ódio
(e espreita
os filhos de jivaros
e é macrocéfalo)

e o ódio
(e sobe sobe
Urizen
Amon-Rá)

e ele
(Yog Sothoth)

e ele
(ódio já osso
medula já

(e o
ódio)

ah fim
ah borboleta de mil anos

30

câncer emaranhada primavera
(dia abaixo)   não perguntes
por um poço de pássaros
por uma sílaba de pão

31

poema aborto em gabinete público

sim   sim
um   nem   um
ano   umano
por aqui
primeira porta
à direita por favor
puxe empurre
não está foi-se não
isso à direita por favooorr
ou se enganará de   VOOORR
secar   neoliva
alô? atéa   jáv   *isso alô por favor?*
seu carro   ne*lá virando a escadar*ia
alô?   tarde   sim   simgo   *não está*
viu? não está   queria
suaparte   infer *volte amanhã* não
mais   nem   um   sim
alô?
NADAH

32

nascimento II

vomitar sonhos
grasnido de dor   de isolamento
levar comida para uma torre

abrir dois olhos ao mesmo tempo
mesmo que a corda salte
e algo chore na noite do armário

33

aquela amiga ânsia
e é possível ainda
sonhar um brejo com cara de bebê

rodeada de posses
desmorona esta casa

fantasmas de destinos
que aparecem   praqueles que seguem
um pássaro do sol   com um dardo de ar nas veias
um muro de rumor
apedrejado pela sorte
figuras de um lado só   e matam

34

abres   sim   túnel
de alvoredá furiosa   entreténs
o ser do sonho

não é a travessia é a flecha
errada
o animal sangrando e
porvir

35

condenados a um signo
a um vestido sem braços
também as estradas se recusam
nomes de algo extinto emergem
formas de nada se agarram a que foge
nós   nossas algas
      de fumaça
no morrer perpetrado meticuloso
talvez de uma bebida
para sempre junto daquela boca

e no céu quebrando e no céu queimando
sua escuridão perdida
em roupas de neve canta

36

alcanço essa mão essa música pura
dissolvida entre nomes que escoram
apenas algo pardo   algo podre
comida para olhos que não abandonam a casa
a impossível torre de ossos
contra todo invasor   essa música pura
morde um adeus   chora nas luzes que a prendem

37

um mal se extingue apenas se outro mal cresce
uma chuva seca fere o sol   a memória
não alcança   entre pernas adormecidas
um silêncio com floresta   para o tiro cego
o celebra sem cólera o ganso das nuvens
um mal se extingue   diz apenas
esse nome   uma flor de vazio
apenas se outro mal cresce

apenas se outro mal cresce
e a fome esquece e canta
na noite de sua guerra
na nudez e no fim de sua guerra
no sul e selvagem e andarei de sua guerra

38

e as palavras

e as
palavras

e os quintais   que vão queimar
muito depois do sol
nãoser atravessado por nenhum mal   nenhum
passadas abraçadas

e os quintais   e as palavras

39

a roda foi parando   paran-
dois três dois três dois   a roda
parou   quebrado por dentro
só madeira   entram olhos
só memória   cônico
só memória   o céu não é possível encarar
que já queima mais que queima ainda mais   que
queima só eterna como se o vento   (algo)
não espalhasse suas migalhas suas roupas   desfeito
desejado corpo luz da noite   pássaros
assassinos sob a ponte   se afastam frios
(algo) cadenciosos   mar
e uivou e disse   criatura lama
e disse e riu   trompa de veia
e riu apontou   carne trêmula
e atirou   feixe
                  sapatos
                  carne
airado   (algo)
e sol   (uma mulher)
machadinhas de sol   (diante da porta trancada)
arranham a porta   (procura sua chave) limpa
o peito (diz em voz alta) o olho (me abre) a mão
(chama chama) a beira (não) do rio (não) de sangue
(não) de sangue que foge fio selvagem negro de pavor
entre a soleira e a porta ao encontro de seus passos
a roda foi parando   paran-
dois três dois três dois   a roda
parou

Este livro foi composto em Fairfield LT Std no papel Pólen Natural para a Editora Moinhos enquanto *Golden rule*, de Charles Bradley, tocava.

*

Era outubro de 2022. No Brasil, literalmente, tudo estava ao avesso. As eleições estavam para serem finalizadas e a esperança pairava no ar.